DIE HEILIGE SCHRIFT

in farbigen Bildern

nach

SCHNORR VON CAROLSFELD

Ein Bilderbuch für die Jugend

mit Texten von

SAMUEL SPÖRRI

CHRISTLICHE VERLAGSANSTALT KONSTANZ

119. – 125. Tausend 1972
Die Holzschnitte von Julius Schnorr v. Carolsfeld kolorierte Fritz Kredel
Den Satz und Druck besorgte Chr. Belser in Stuttgart

Printed in Germany
ISBN 3767356848

Altes Testament

Bildfolge

Neues Testament

Bildfolge

Die Vertreibung aus dem Paradies

Gott schuf die ersten Menschen, Adam und Eva. Sie wohnten im Paradiesesgarten und durften von allerlei Bäumen essen, nur von einem nicht. Aber sie ließen sich von der Schlange verführen, sie wollten sein wie Gott. Deshalb gehorchten sie seinem Wort nicht und aßen von der verbotenen Frucht. Da wies der Herr sie aus dem Garten. So sind Sünde und Tod über die Menschen gekommen.

1. Mose 3, 1–6 u. 17–19 u. 23–24

Kain und Abel

Kain und Abel waren die ersten Söhne Adams. Kain war ein Ackersmann, Abel ein Schäfer. Eines Tages brachten beide Gott Opfer dar. Der Herr sah die Gabe des demütigen Abel gnädig an; aber Kain hatte ein stolzes Herz, und das gefiel Gott nicht. Darüber ergrimmte Kain. Gott warnte ihn: „Die Sünde lauert dir auf, laß ihr nicht den Willen!" Aber Kain wollte nicht hören. Im Zorn schlug er seinen Bruder und traf ihn zu Tode. 1. Mose 4, 1-8

Noahs Bewahrung

Immer mehr wuchs das Böse in den Herzen der Menschen. Da wurde der Herr zornig und beschloß, sie zu vertilgen. Nur ein frommer Mann fand Gnade vor ihm: Noah. Dem befahl er, eine Arche zu bauen. Dann ließ Gott eine gewaltige Flut kommen, in der alle Menschen umkamen. Allein Noah mit seiner Familie und von allen Tieren ein Pärchen fanden Schutz in der Arche. Als das Land trocken war und sie die Arche wieder verlassen konnten, dankten Noah und die Seinen dem Herrn und gelobten, ihm stets gehorsam zu sein.

1. Mose 8, 15-22

Gott verheißt Abraham einen Sohn

Gott befahl dem Abraham, seinem frommen Knechte: „Ziehe aus deiner Heimat in das Land Kanaan!“ Das tat Abraham, und Gott versprach ihm und seinen Kindern das schöne Land zum Erbe. Abraham und Sara hatten aber keine Kinder. Da kamen, als sie schon alt waren, drei Männer zu ihnen; die waren von Gott gesandt. Abraham nahm sie freundlich auf und bewirtete sie. Sie verhießen ihm: „Du sollst einen Sohn bekommen.“ Und Abraham glaubte; das rechnete ihm der Herr hoch an.

1. Mose 15, 1-6 u. 18, 1-10

Lot flieht aus Sodom

Abrahams Neffe Lot wollte reich werden und war in die fruchtbare Gegend von Sodom gezogen. Dort wohnten böse Menschen, deshalb brach Gottes Gericht über sie herein. Abraham aber betete für Lot, und der Herr sandte Engel; die befahlen dem Lot, er solle mit den Seinen aus der Stadt fliehen und sich nicht mehr umsehen. Kaum hatte Lot Sodom verlassen, da ließ Gott Feuer und Schwefel regnen. Lots Frau sah trotz des Verbotes hinter sich; sie erstarrte vor Schrecken und ward zur Salzsäule.

1. Mose 19, 15-17 u. 24-26

Isaaks Opferung

Abrahams Glaube ward belohnt. Gott schenkte ihm den verheißenen Sohn. Der war seine ganze Freude. Da wollte der Herr Abrahams Gehorsam erproben und sprach zu ihm: „Nimm Isaak, deinen einzigen Sohn, den du liebhast, und bring ihn mir zum Opfer!" Abraham schickte sich an, diesem Befehl zu folgen. Da rief der Engel des Herrn: „Lege deine Hand nicht an den Knaben und tue ihm nichts, denn nun weiß ich, daß du Gott fürchtest und hast deines einzigen Sohnes nicht verschont um meinetwillen."

1. Mose 22, 1-19

Elieser wirbt für Isaak um Rebekka

Isaak sollte keine Heidin zur Frau bekommen. Darum sandte Abraham seinen vertrauten Diener Elieser in die alte Heimat, damit er von dort eine Frau für Isaak hole. Elieser bat Gott, er möchte ihm die richtige Jungfrau zeigen. Er wollte sie daran erkennen, daß sie ihm einen Trunk Wasser anbiete. Und siehe, genau mit den erhofften Worten bot ihm die liebliche Rebekka den Krug. Gott hatte Gnade zu der Reise gegeben.

1. Mose 24, 1-4 u. 10-24

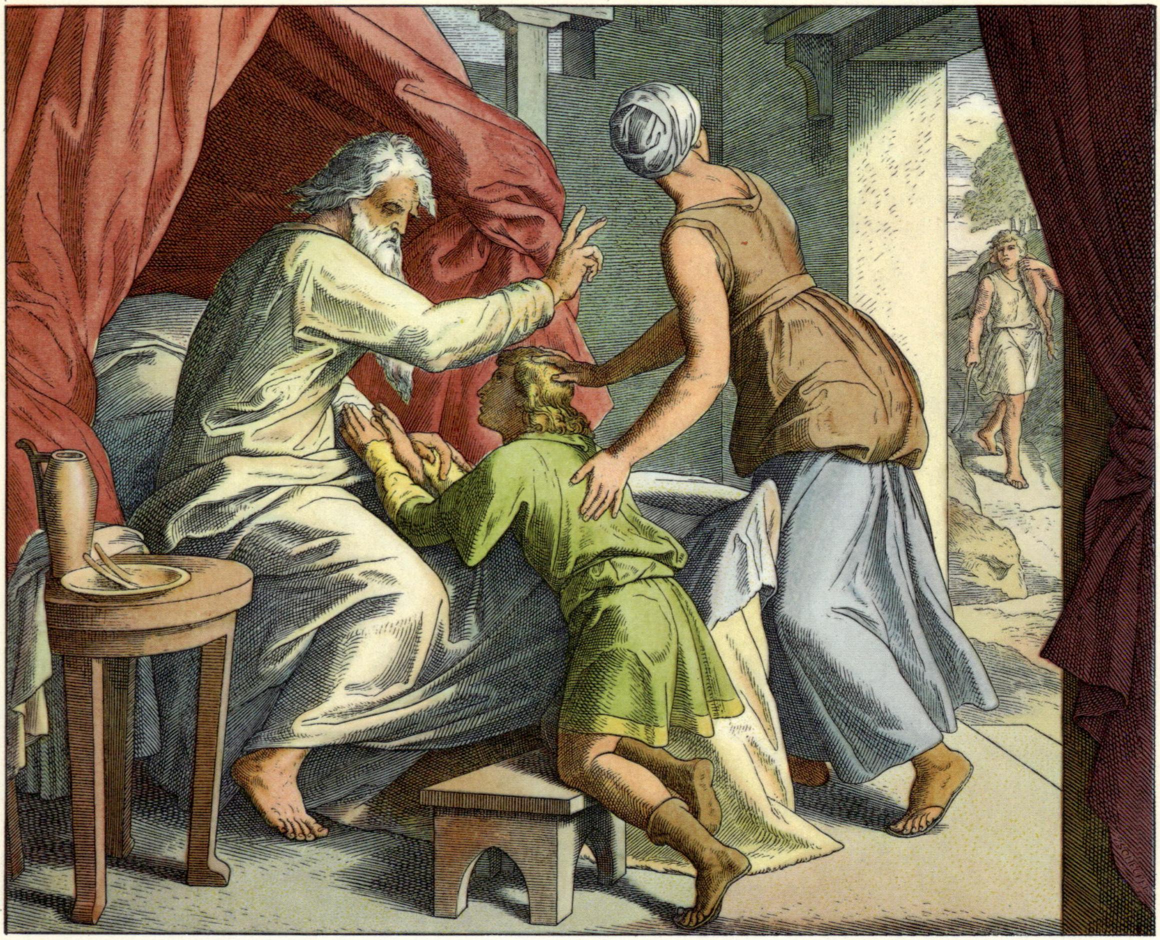

Isaak segnet Jakob

Isaak war alt und blind geworden. Er wollte seine beiden Söhne Esau und Jakob segnen, ehe er starb. Esau sollte als der ältere das Erbe bekommen. Doch die Mutter überredete ihren Liebling Jakob, sich in Esaus Kleidern zum Vater zu schleichen, damit er das Erbe erhalte. Die Täuschung gelang. Isaak erteilte Jakob den Segen des Erstgeborenen. So betrog Jakob seinen Bruder um Segen und Erbe.

1. Mose 27, 1-40

Jakob sieht im Traum die Himmelsleiter

Jakob mußte vor seinem erzürnten Bruder Esau fliehen. Unterwegs sah er eines Nachts im Traum eine Leiter, die bis in den Himmel reichte. Engel stiegen daran auf und nieder, und oben stand der Herr und verhieß ihm: Siehe, ich bin mit dir und will dich behüten, wo du hinziehst, und will dich wieder heimbringen! Da wurde Jakob getrost und zog in die Fremde. 1. Mose 28, 10-17

Joseph wird von seinen Brüdern verkauft

Jakob hatte zwölf Söhne. Joseph, den zweitjüngsten, zog er allen vor und machte ihm einen bunten Rock. Einst träumte Joseph, daß er über seine Brüder herrschen würde. Als er ihnen das erzählte, wurden sie ihm sehr feind. Ja, eines Tages warfen sie ihn in eine Grube und verkauften ihn hernach an fremde Händler, die nach Ägypten zogen. Wie sehr er auch bat und weinte, sie hatten kein Erbarmen. Gott aber hatte noch Großes mit Joseph vor.

1. Mose 37, 1-28

Joseph deutet des Königs Träume

In Ägypten kam Joseph in das Haus des königlichen Hofmeisters Potiphar. Dessen Frau wollte ihm Übles tun und ließ ihn unschuldig ins Gefängnis werfen. Gott aber war mit Joseph. Der König ließ Joseph aus dem Gefängnis holen und erzählte ihm Träume, die ihn beunruhigten. Joseph konnte sie deuten und durch weise Ratschläge das Land vor einer Hungersnot bewahren. Der König aber machte Joseph zu seinem Ratgeber und setzte ihn über ganz Ägypten.

1. Mose 41, 1-46

Joseph gibt sich seinen Brüdern zu erkennen

Während der Hungersnot kamen viele Fremde nach Ägpyten zu Joseph, um Korn zu kaufen. Darunter waren auch seine Brüder. Sie erkannten Joseph nicht. Er stellte sie auf harte Proben, um zu sehen, ob sie noch so hartherzig wie früher wären. Als er aber merkte, daß sie ihr Unrecht gegen ihn bereuten und anders geworden waren, konnte er sich nicht länger halten und rief: „Ich bin Joseph, euer Bruder!“— Nun zogen Vater und Brüder zu ihm, und er sorgte für sie.

1. Mose 45, 1-15

Moses wunderbare Erhaltung

Jakobs Nachkommen wurden in Ägypten zu einem großen Volk. Das erschien einem späteren König gefährlich; er fürchtete, daß die Israeliten das Land an sich reißen würden. Deshalb unterdrückte er sie grausam. Ihre neugeborenen Söhne ließ er ins Wasser werfen. Eine Mutter verbarg ihr Knäblein in einem wasserdichten Körbchen im Schilf am Ufer des Nils. Dort fand es des Königs Tochter und nahm sich seiner an. Das hatte Gott so gefügt, er hatte Mose zum Führer des Volkes Israel ausersehen.

2. Mose 2, 1-10

Der Zug des Volkes Israel durch das Rote Meer

Nach langer Zeit erbarmte sich Gott über das gequälte Volk. Durch Mose befahl er dem König: „Laß Israel ziehen!“ Aber erst durch viele harte Plagen ließ der König sich dazu zwingen. Kaum war das Volk fort, da jagte er mit vielen Soldaten hinterher. Da tat Gott ein großes Wunder: Er führte Israel trocken mitten durchs Meer. Als ihnen die Ägypter folgen wollten, schlugen die Wasser über ihnen zusammen, und sie ertranken.

2. Mose 14

Mose betet beim Kampf gegen die Amalekiter

Unter Moses Führung zogen die Israeliten durch die Wüste nach Kanaan. Da kamen die Amalekiter, um sie zu verderben. Mose aber betete zum Herrn. Solange er die Arme emporhielt, siegten die Israeliten; sie wurden aber mutlos, sobald er die Arme sinken ließ. Zwei Männer, Aaron und Hur, stützten ihm die müden Arme bis zum Abend. So wurde dem Volke durch Moses Fürbitte der Sieg geschenkt.

2. Mose 17, 8-13

Das goldene Kalb

Am Berge Sinai erschien der Herr dem Volke und schloß einen Bund mit ihm. Er gab ihm die zehn Gebote. Mose holte die Gesetzestafeln auf dem Berge. Unterdessen machten sich die Israeliten gegen Gottes Befehl ein goldenes Kalb und brachten ihm Opfer dar. Als Mose das sah, ergrimmte er und warf die Tafeln entzwei, denn das Volk hatte den Bund mit Gott gebrochen. Der Herr wollte es in seinem Zorn vertilgen; aber Mose bat für das Volk.

2. Mose, 32, 1-24

Die Kundschafter kehren aus dem Land Kanaan zurück

Endlich war die Grenze des verheißenen Landes erreicht. Zwölf Männer kundschafteten es aus; sie priesen seine Fruchtbarkeit und brachten herrliche Früchte mit. Sie ängstigten aber auch das Volk und sprachen: „Die Bewohner sind zu stark, wir können das Land nicht einnehmen.“ Nur zwei Kundschafter sagten voll Vertrauen: „Der Herr ist mit uns, fürchtet euch nicht!“ Das Volk aber ward verzagt und murrte wider Gott; viele kehrten um und verdarben in der Wüste.

4. Mose 13, 21-31

Die Aufrichtung der ehernen Schlange

Gott speiste die Kinder Israel in der Wüste mit köstlichem Manna, welches vom Himmel fiel. Das Volk aber verachtete Gottes Gabe. Da sandte der Herr giftige Schlangen, an deren Biß viele sterben mußten. Nun erkannte Israel sein Unrecht und bat um Vergebung. Gott gebot deshalb dem Mose, ein ehernes Schlangenbild aufzurichten. Wer von einer Schlange gebissen wurde, der sollte am Leben bleiben, wenn er das Bild ansah. Wer nun Gottes Wort glaubte, der starb nicht. 4. Mose 21, 4-9 u. Joh. 3, 14

Gideons Sieg

Nach vierzigjähriger Wüstenwanderung nahmen die Israeliten endlich das Land Kanaan ein. Die Midianiter aber raubten ihnen Jahr für Jahr die Ernte. Da berief Gott einen Retter: Gideon. Seine kleine, mutige Schar brach nachts mit Trompetengeschmetter und Fackeln ins Lager der Feinde ein. Schrecken ergriff diese; sie wurden geschlagen und in die Flucht getrieben.

Richter 7, 16-23

Simson erwürgt einen Löwen

Zu der Zeit, da die Philister Israel unterdrückten, lebte Simson. Der war so stark, daß er einst einen Löwen, der ihn überfiel, mit bloßen Händen erwürgte. Simsons Frau, die ihn nicht liebhatte und es mit den Philistern hielt, verriet ihn an seine Feinde. Diese stellten ihm schon lange nach, denn er hatte ihrer viele im Streit erschlagen. Jetzt konnten sie ihn gefangennehmen.

Richter 14, 5-6

Simsons Tod

Dem gefangenen Simson stachen die Philister die Augen aus. Blind und in Fesseln mußte er schwere Arbeit tun. Da bat er den Herrn um Kraft. Als die Philister ihrem Götzen zu Ehren ein großes Fest feierten, mußte Simson vor ihnen auf der Harfe spielen. Er faßte die beiden Mittelsäulen, auf denen das Haus ruhte, und zerbrach sie mit gewaltiger Kraft. Unter den Trümmern fand er mit der Menge der Philister den Tod. Richter 16, 21-31

Naemi und Ruth

Zur Teuerungszeit war eine israelitische Familie ins Moabiterland ausgewandert. Nach Jahren starben Vater und Söhne. Da machte sich die verlassene Witwe, Naemi, auf den Weg nach der alten Heimat. Ihre Schwiegertöchter Orpa und Ruth begleiteten sie ein Stück Wegs. Sie ermahnte beide zur Umkehr. Orpa nahm Abschied. Ruth aber sprach: „Wo du hingehst, da will ich auch hingehen. Dein Volk ist mein Volk, und dein Gott ist mein Gott.“

Ruth 1, 1-18

Saul wird König über Israel

Das Volk wünschte sich einen König. Da sprach Gott zum Propheten Samuel: „Ich will dir einen Mann senden, den sollst du zum König über Israel salben!“ Der junge Saul war ausgezogen, um seines Vaters Eselinnen zu suchen, die sich verlaufen hatten. Da er sie nicht fand, fragte er den Propheten um Rat. Da sprach der Herr zu Samuel: „Siehe, das ist der Mann, der über mein Volk herrschen soll!“ Und Samuel salbte ihn. 1. Samuel 6 u. 10, 1

David und Goliath

Im Kriege gegen die Philister verhöhnte der starke Riese Goliath die Israeliten. Alle fürchteten sich vor ihm, selbst der König Saul. Nur der junge Hirte David entschloß sich zum Kampf. Er rief Goliath zu: „Du kommst zu mir mit Schwert, Spieß und Schild; ich aber komme zu dir im Namen Gottes!“ Mit einem Stein aus der Schleuder traf er des Riesen Stirn. Der fiel, und David tötete ihn. Das befreite Volk jubelte dem tapferen Jüngling zu.

1. Samuel 17, 23-51

David und Jonathan

Saul war eifersüchtig, weil das Volk David mehr pries als ihn. Er fürchtete, David könnte König werden, und darum suchte er ihn zu töten. David mußte fliehen. Aber Sauls Sohn Jonathan hatte David herzlich lieb; er hätte ihm gern die Königskrone gegönnt. Nun mußten sich die Freunde trennen. Heimlich trafen sie sich. Sie nahmen weinend Abschied voneinander und versprachen, sich immer treu zu bleiben. 1. Samuel 19, 1 u. 20, 40–42

David verschont Saul

Saul verfolgte David mit seinem Heer. Eines Nachts legte er sich in einer Höhle zum Schlaf nieder, er wußte aber nicht, daß David und seine Getreuen sich hinten in derselben Höhle verborgen hielten. David schlich sich heran, und sein Freund riet: „Töte Saul, dann wirst du König!“ Aber David schlug das Herz. Er sprach: „Das lasse der Herr ferne von mir sein, daß ich solch Unrecht tun sollte!“ Er wollte kein Blut vergießen, sondern warten, bis Gott ihm helfen würde.

1. Samuel 24

Absaloms Tod

Nach langer Zeit wurde David König. Der Herr war mit ihm, und er regierte sein Land gut. Aber er hatte einen ungeratenen Sohn: „Absalom." Der wollte sich selbst zum König machen; er schmeichelte sich bei den Leuten ein und sammelte ein Heer, um seinen eigenen Vater zu vertreiben. Es kam zur Schlacht. Absalom mußte fliehen und blieb mit seinem schönen langen Haar in einem Baum hängen. Da erschlugen ihn seine Verfolger. So strafte Gott den treulosen Sohn. 2. Samuel 18, 9–15

Die Königin von Arabien besucht Salomo

Nach David kam sein Sohn Salomo auf den Thron. Gott hatte ihm ein weises Herz geschenkt. Er war sehr reich, und unter seiner Herrschaft war Friede im Lande. Aus dem fernen Reich Arabien kam eine Königin, seine Herrlichkeit zu sehen. Sie hatte viele Fragen auf dem Herzen; auf alle konnte Salomo ihr Antwort geben. Sie verwunderte sich sehr und war des Lobes voll. Ja, sie konnte sich nicht enthalten, zu sagen: „Ich habe viel von dir gehört, aber nicht die Hälfte hat man mir gesagt!" 1. Könige 10, 1–13

Elia wird von Raben versorgt

König Ahab und seine heidnische Frau verführten das Volk zum Götzendienst. Da trat der Prophet Elia vor Ahab und verkündigte: „Es soll in diesem Jahre weder Tau noch Regen fallen.“ Sie sollten fühlen, wie es ist, wenn man ohne Gott und seinen Segen lebt. Hungersnot kam über das Land. Elia aber war am Bach Krith verborgen; und Gott hatte den Raben geboten, daß sie ihn mit Brot und Fleisch versorgten. 1. Könige 17, 1–6

Elia erweckt den Sohn der Witwe zu Zarpath

Als der Bach vertrocknet war, sandte Gott Elia nach Zarpath zu einer Witwe; sie sollte für ihn sorgen. Sie war arm; aber Mehl und Öl gingen ihr nicht aus, solange Elia ihr Gast war. Eines Tages wurde ihr Sohn krank und starb. Elia rief den Herrn an: „Herr, mein Gott, laß die Seele dieses Kindes wieder zu ihm kommen!“ Und der Herr erhörte ihn. Die Seele des Kindes kam wieder zu ihm, und es ward lebendig.

1. Könige 17, 8–24

Elias Himmelfahrt

Elia war alt geworden, und Gott offenbarte ihm, daß er ihn in den Himmel holen wolle. Elisa, sein Schüler und Nachfolger, begleitete ihn auf seinem letzten Gang. Er ahnte, daß sein geliebter Meister ihn verlassen werde. Da sie miteinander gingen und redeten, siehe, da kam ein feuriger Wagen mit feurigen Rossen, und Elia fuhr im Wetter gen Himmel. Elisa aber schrie: „Mein Vater!" 2. Könige 2, 11 u. 12

Rückkehr aus der Gefangenschaft

Siebzig Jahre lang wurde das Volk Israel im fernen Babylon gefangengehalten. Das war eine bitter schwere Zeit. Aber Gott mußte sein Volk so dunkle Wege führen, denn es hatte zu oft seine Gebote verachtet. Wie sehnten sich die Israeliten nach Jerusalem zurück, bis sie endlich vom Herrn die Erlaubnis zur Heimkehr erhielten! Welch ein Jubel, als sie die Heimat von ferne sahen! Sie machten sich auf, um Tempel und Stadt wieder aufzubauen.

Esra 1, 1–5

Der Engel bei den Hirten auf dem Felde

Es waren Hirten auf dem Felde bei den Herden. Und siehe, des Herrn Engel trat zu ihnen, und die Klarheit des Herrn leuchtete um sie. Und er sprach: „Fürchtet euch nicht! Siehe, ich verkündige euch große Freude, die allem Volk widerfahren wird. Denn euch ist heute der Heiland geboren, welcher ist Christus, der Herr, in der Stadt Davids. Und ihr werdet finden das Kind in Windeln gewickelt und in einer Krippe liegen."

Lukas 2, 8–12

Die Hirten kommen zum Jesuskind

Da die Engel von ihnen gen Himmel fuhren, sprachen die Hirten untereinander: „Laßt uns nun gehen gen Bethlehem und die Geschichte sehen, die da geschehen ist, die uns der Herr kundgetan hat.“ Und sie kamen eilend und fanden beide, Maria und Joseph, dazu das Kind in der Krippe liegen. Und die Hirten kehrten wieder um, priesen und lobten Gott um alles, was sie gehört und gesehen hatten. Lukas 2, 15–20

Die Weisen aus dem Morgenland

Weise Männer sahen im Morgenland einen wunderbaren Stern; da wußten sie: jetzt ist der Heiland geboren! Sie kamen aus fernem Lande, um ihn anzubeten. Als sie sich Bethlehem nahten, sahen sie den Stern über einem Hause stehen. Sie gingen hinein und fanden das Kindlein mit seiner Mutter, fielen nieder und beteten es an. Dann breiteten sie ihre Schätze aus und schenkten ihm Gold, Weihrauch und Myrrhen.

Matthäus 2, 1–12

Die Flucht nach Ägypten

Der böse König Herodes vernahm, daß das Jesuskind geboren sei. Er fürchtete, es könnte später König werden; deshalb suchte er es umzubringen. Da befahl Gott dem Joseph im Traum, mit dem Kinde zu fliehen. Und Joseph stand auf, nahm das Kind und seine Mutter zu sich und entwich mit ihnen nach Ägyptenland. Als des Königs Soldaten kamen, war das Jesuskind durch Gottes Fürsorge längst in Sicherheit.

Matthäus 2, 13 u. 14

Der zwölfjährige Jesus im Tempel

Als Jesus zwölf Jahre alt war, nahmen ihn seine Eltern zum Osterfest mit nach Jerusalem. Dort hörte er im Tempel den Schriftgelehrten zu; die wunderten sich über seinen Verstand. Die Eltern aber wußten nicht, wo er war. Erst nach drei Tagen fanden sie ihn, und seine Mutter sprach: „Wir haben dich mit Schmerzen gesucht!“ Jesus aber antwortete: „Wisset ihr nicht, daß ich sein muß in dem, das meines Vaters ist?“ Lukas 2, 41–52

Die Versuchung

Als Jesus ein Mann war, brachte er vierzig Tage betend in der Wüste zu, ohne zu essen. Da trat der Versucher zu ihm: „Bist du Gottes Sohn, so sprich, daß diese Steine Brot werden!" Jesus aber konnte dem Satan nicht gehorchen. Da zeigte ihm der Teufel alle Reiche der Welt und sprach: „Das alles will ich dir geben, wenn du mich anbetest." Da antwortete Jesus: „Hebe dich weg von mir, Satan! Denn es steht geschrieben: ‚Du sollst anbeten Gott, deinen Herrn, und ihm allein dienen'." Matthäus 4, 1-10

Die Hochzeit zu Kana

In Kana war Jesus mit seiner Mutter und seinen Jüngern bei einer Hochzeit zu Gast. Und es geschah, daß es an Wein gebrach. Da sprach Jesus zu den Dienern des Hauses: „Füllet die Wasserkrüge mit Wasser!“ Und sie füllten sie bis obenan. Als man hernach kostete, war aus dem Wasser köstlicher Wein geworden. Das war Jesu erste Wundertat, und seine Jünger glaubten an ihn.

Johannes 2, 1-11

Jesus reinigt den Tempel

Im Vorhof des Tempels fand Jesus Wechsler und Händler, die Tauben und Opfertiere feilhielten. Da machte er eine Geißel aus Stricken und trieb sie alle zum Tempel hinaus samt den Schafen und Ochsen und verschüttete den Wechslern das Geld und stieß die Tische um; und sprach zu denen, die die Tauben feilhielten: „Traget das von dannen und machet nicht meines Vaters Haus zum Kaufhause!"

Johannes 2, 13-16

Die Heilung des Gichtbrüchigen

Als Jesus in einem Hause lehrte, wollten einige Männer einen Gichtkranken zu ihm bringen. Vor der großen Menge von Menschen konnten sie aber nicht zur Tür herein. Da stiegen sie auf das flache Dach, deckten einige Ziegel ab und ließen den Kranken herunter vor Jesu Füße. Der Herr sprach zu dem Kranken: „Dir sind deine Sünden vergeben! Stehe auf, nimm dein Bett und gehe heim!“ Und er stand auf und ging heim und pries Gott.

Lukas 5, 17-26

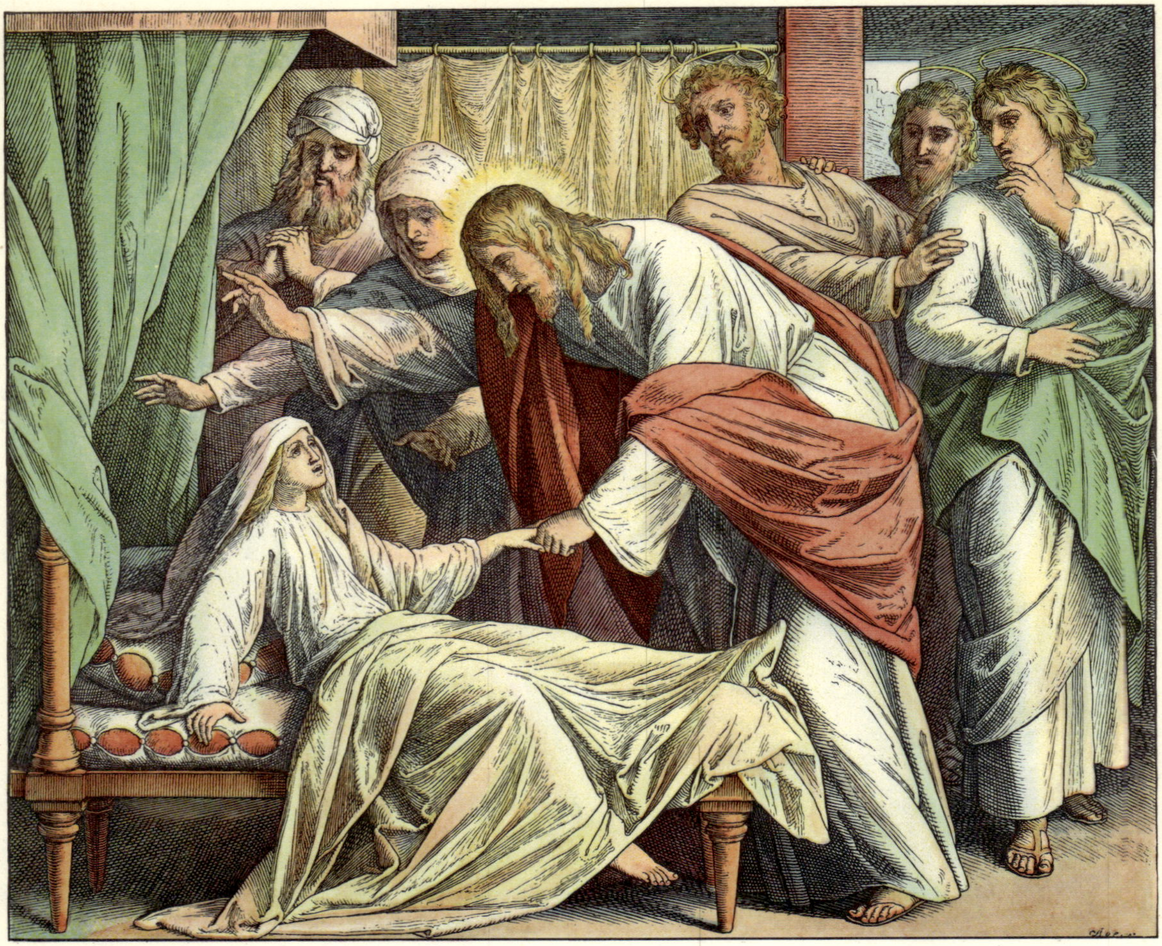

Jesus erweckt des Jairus Töchterlein

Eines Tages kam der Schulvorsteher Jairus zu Jesus und bat: „Meine Tochter ist in den letzten Zügen; komm doch und lege die Hand auf sie, daß sie gesund werde!“ Als sie zum Hause kamen, war alles voll Weinens: „Sie ist gestorben!“ Jesus hieß die Klagenden schweigen und nahm nur die Eltern und drei Jünger mit hinein. Er ergriff das Kind bei der Hand und sprach: „Mägdelein, ich sage dir, stehe auf!“ Und alsbald stand es auf und wandelte.

Markus 5, 22–24 u. 35–43

Die Bergpredigt Jesu

Da er aber das Volk sah, ging Jesus auf einen Berg und setzte sich; und seine Jünger traten zu ihm. Und er lehrte sie und sprach: „Selig sind, die da Leid tragen; denn sie sollen getröstet werden. - Selig sind die Sanftmütigen; denn sie werden das Erdreich besitzen. - Selig sind die Barmherzigen; denn sie werden Barmherzigkeit erlangen. - Selig sind, die reines Herzens sind; denn sie werden Gott schauen. - Selig sind die Friedfertigen; denn sie werden Gottes Kinder heißen.“ Matthäus 5, 1–12

Die Speisung der Fünftausend

Einen ganzen Tag lang hatte eine Menge Menschen in der Wüste Jesus zugehört. Seine Jünger mahnten: „Laß sie nach Hause gehen zum Essen!“ Aber Jesus sagte: „Gebt ihr ihnen zu essen!“ Es waren aber nur fünf Brote und zwei Fische da. Und Jesus nahm die Brote, sah auf zum Himmel, dankte und gab sie den Jüngern, daß sie austeilen sollten. Und siehe, sie aßen alle und wurden satt. Und die da gegessen hatten, waren fünftausend Mann.

Markus 6, 32–44

Der sinkende Petrus

Einst fuhren die Jünger in der Nacht über den See Genezareth, und ihr Schiff geriet in einen Sturm. Da kam Jesus zu ihnen und ging auf dem Meer. Er sprach zu ihnen: „Seid getrost, ich bins!" Nun wagte es Petrus auf des Herrn Wort, zu ihm zu gehen. Er sah aber einen starken Wind, erschrak und begann zu sinken. Da streckte Jesus die Hand aus, ergriff ihn und sprach: „O du Kleingläubiger, warum zweifeltest du?"

Matthäus 14, 22–33

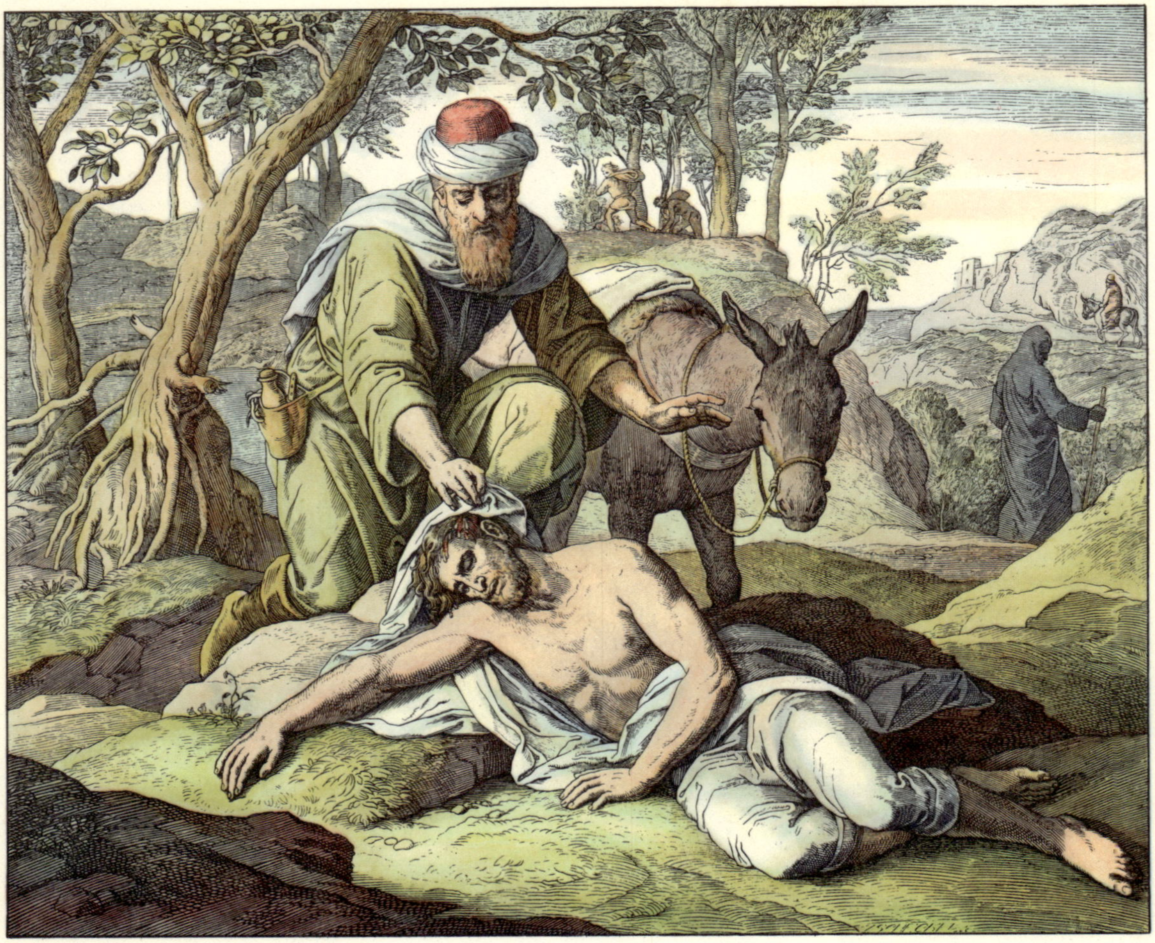

Vom barmherzigen Samariter

Ein Schriftgelehrter fragte Jesus: „Wer ist denn mein Nächster?“ Da antwortete Jesus: „Ein Wanderer wurde von Räubern überfallen; sie ließen ihn halbtot liegen. Ein Priester kam des Wegs und ging vorbei. Auch ein Tempeldiener ließ ihn liegen. Ein Samariter aber, da er ihn sah, jammerte ihn sein; er verband ihm die Wunden, hob ihn auf sein Tier, brachte ihn zur Herberge und pflegte ihn. Welcher unter diesen dreien war dem, der unter die Mörder fiel, der Nächste?“ Da antwortete der Schriftgelehrte: „Der die Barmherzigkeit an ihm tat.“ Lukas 10, 25–37

Die Rückkehr des verlorenen Sohnes

Ein Sohn forderte von seinem Vater sein Erbteil und zog fern über Land. Er brachte sein Gut um mit Prassen. Als er nichts mehr hatte, hungerte ihn. Schließlich mußte er Schweine hüten. Da kam die Reue über ihn, und er sprach: „Ich will mich aufmachen und zu meinem Vater gehen und ihm sagen: Vater, ich habe gesündigt! Ich bin hinfort nicht mehr wert, daß ich dein Sohn heiße.“ - Da er aber noch ferne war, sah ihn sein Vater, er lief ihm entgegen, fiel ihm um den Hals und küßte ihn.

Lukas 15, 11-24

Der Pharisäer und der Zöllner

Ein Pharisäer und ein Zöllner gingen in den Tempel, um zu beten. Der Pharisäer betete: Ich danke dir, Gott, daß ich nicht bin wie andere Menschen oder wie dieser Zöllner! Ich faste zweimal in der Woche und gebe den Armen. Der Zöllner wagte seine Augen nicht aufzuheben, er seufzte nur: „Gott, sei mir Sünder gnädig!" Wer sich selbst erhöht, der wird erniedrigt werden; und wer sich selbst erniedrigt, der wird erhöht werden. Lukas 18, 10-14

Die Auferweckung des Lazarus

Jesus hatte einen Freund in Bethanien: Lazarus; der wurde sehr krank und starb. Erst vier Tage später kam Jesus hin. Lazarus' Schwestern klagten: „Wärest du hier gewesen, unser Bruder wäre nicht gestorben!" Jesus sprach: „Ich bin die Auferstehung und das Leben. Wer an mich glaubt, der wird leben, ob er gleich stürbe." Er trat zum Grabe, betete zu Gott und rief: „Lazarus, komm heraus!" Und der Verstorbene kam heraus. Johannes 11, 1-45

Jesus segnet die Kinder

Als Jesus bei einem Dorf rastete, brachten sie Kindlein zu ihm, daß er sie anrührte. Die Jünger aber fuhren die an, die sie trugen. Da es aber Jesus sah, ward er unwillig und sprach zu Ihnen: „Lasset die Kindlein zu mir kommen und wehret ihnen nicht; denn solcher ist das Reich Gottes. Wahrlich ich sage euch: Wer das Reich Gottes nicht empfängt wie ein Kindlein, der wird nicht hineinkommen." Und er herzte sie und legte die Hände auf sie und segnete sie.

Markus 10, 13-16

Jesu Einzug in Jerusalem

Als Jesus zum letztenmal nach Jerusalem zog, brachten ihm zwei seiner Jünger auf sein Geheiß ein Eselsfüllen. Auf diesem ritt er in die Stadt ein; das Volk aber hieb Zweige von den Bäumen und streute sie auf den Weg und rief: „Hosianna dem Sohn Davids! Gelobt sei der da kommt in dem Namen des Herrn!“ So erfüllte sich das Prophetenwort: Freue dich, Tochter Zion, dein König kommt zu dir.

Matthäus 21, 1-9

Fußwaschung

Ehe sich Jesus mit seinen Jüngern zum letztenmal zu Tisch setzte, wusch er ihnen allen die Füße. Dann sprach er zu ihnen: „Wisset ihr, was ich euch getan habe? Ihr nennt mich Meister und Herr, und ich bin es auch. Wie nun ich, euer Meister, euch die Füße gewaschen habe, so sollt ihr auch euch untereinander die Füße waschen. Ein neu Gebot gebe ich euch, daß ihr euch untereinander liebet, wie ich euch geliebt habe.“ Johannes 13, 3-17 u. 34

Jesus in Gethsemane

Nach dem Abendmahl ging Jesus mit seinen Jüngern in den Garten Gethsemane. Und er sprach: „Meine Seele ist betrübt bis an den Tod. Bleibet hier und wachet mit mir!“ Und er fiel nieder und betete: „Mein Vater, ist's möglich, so gehe dieser Kelch von mir! Doch nicht, wie ich will, sondern wie du willst!“ Zum zweiten- und zum drittenmal betete er dieselben Worte. Und ein Engel tröstete ihn. Als er wieder zu seinen Jüngern kam, fand er sie schlafend.

Matthäus 26, 36-46

Jesu Gefangennahme

Judas, der Jünger einer, verriet den Herrn. Er kam in den Garten Gethsemane mit Bewaffneten. Er hatte ihnen gesagt: „Welchen ich küssen werde, der ist's." Und er trat zu Jesus und küßte ihn. Da banden sie Jesus. Petrus aber zog sein Schwert. Da sprach Jesus: „Stecke dein Schwert ein! Ich könnte meinen Vater bitten, daß er mir ein Heer von Engeln schickt. Aber es muß also gehen." - Da verließen ihn alle Jünger und flohen.

Matthäus 26, 47-56

Petrus verleugnet den Herrn

Petrus folgte seinem gefangenen Herrn von ferne bis zum Haus des Hohenpriesters. Er setzte sich im Hof zu den Soldaten. Da zeigte eine Magd auf ihn und sagte: „Dieser war auch mit Jesus.“ Petrus erschrak und leugnete: „Ich kenne ihn nicht. Dann sah ihn ein anderer und sprach: „Du bist auch deren einer. Petrus aber verleugnete Jesus ein zweites und drittes Mal. Da wandte Jesus sich um und sah ihn an. Und Petrus ging hinaus und weinte bitterlich.

Lukas 22, 54-62

Jesus wird verhöhnt

Jesus ward vor den Richter geführt. Seine Feinde verklagten ihn mit Lügen, er hetze das Volk gegen den Kaiser auf. Da ward er zum Tode verurteilt. Und die Kriegsknechte zogen ihm einen Purpurmantel an und setzten ihm eine Krone aus Dornen aufs Haupt, gaben ihm ein Rohr in die Hand, verbeugten sich vor ihm und verspotteten ihn: „Gegrüßet seist du, Judenkönig!“ Und sie spien ihn an und schlugen ihn aufs Haupt.

Matthäus 27, 27-30

Die Kreuztragung

Jesus mußte sein Kreuz selbst zur Richtstätte tragen. Als er darunter zusammenbrach, zwangen die Soldaten einen Vorübergehenden, mit Namen Simon von Kyrene, daß er es ihm abnehme. Es folgte ihm aber ein großer Haufe Volks und Frauen, die beklagten und beweinten ihn. Als sie zur Richtstätte Golgatha kamen, kreuzigten sie ihn. Jesus aber sprach: „Vater, vergib ihnen; denn sie wissen nicht, was sie tun." Lukas 23, 26-34

Jesus am Kreuz

Unter dem Kreuz standen Maria, die Mutter Jesu, und andere Frauen. Als Jesus seine Mutter sah und Johannes, den Jünger, den er besonders liebhatte, sprach er zu ihr: „Siehe, das ist dein Sohn!“ Und zu Johannes sprach er: „Siehe, das ist deine Mutter!“ Von da an nahm Johannes Jesu Mutter bei sich auf. Endlich hatte Jesus ausgelitten. Er rief: „Es ist vollbracht!“ neigte das Haupt und verschied.

Johannes 19, 25-30

Die Auferstehung

Jesu Grab war mit einer schweren Steinplatte verschlossen. Soldaten wachten davor. Am Sonntagmorgen aber, siehe, da geschah ein großes Erdbeben. Denn der Engel des Herrn kam vom Himmel herab und wälzte den Stein vom Grabe. Die Hüter erschraken und wurden, als wären sie tot. Jesus aber ward durch Gottes Kraft vom Tode erweckt und stand auf aus dem Grabe. Jesus lebt; er hat dem Tode die Macht genommen.

Matthäus 28, 2-4

Die Frauen am Grabe

Drei Frauen, Jüngerinnen Jesu, kamen in der Morgenfrühe zum Grabe. Sie erschraken, als sie es leer fanden. Der Engel aber sprach: „Fürchtet euch nicht; ich weiß, daß ihr Jesum, den Gekreuzigten suchet. Er ist nicht hier; er ist auferstanden. Gehet eilend hin und saget es seinen Jüngern!“ Und sie gingen hin mit Furcht und großer Freude. Siehe, da begegnete ihnen Jesus und sprach: „Seid gegrüßet!“ Und sie traten zu ihm und fielen vor ihm nieder.

Matthäus 28, 1-10

Die Jünger von Emmaus

Am Osternachmittag gingen zwei Jünger von Jerusalem nach Emmaus. Da nahte Jesus sich und wandelte mit ihnen. Sie waren aber sehr traurig und erkannten ihn nicht. Und er erklärte ihnen, warum der Heiland den Tod habe erleiden müssen. Nahe bei Emmaus baten sie ihn: „Bleibe bei uns; denn es will Abend werden, und der Tag hat sich geneigt." Und er setzte sich mit ihnen zu Tisch, nahm das Brot, dankte, brach's und gab's ihnen. Da erkannten sie ihn. Und er verschwand vor ihnen. Lukas 24, 13-35

Jesu Himmelfahrt

Vierzig Tage nach Ostern führte Jesus die Jünger zum Ölberg. Er hob die Hände auf und segnete sie; dann schied er von ihnen und fuhr auf gen Himmel. Als sie ihm nachsahen, siehe, da standen Engel bei ihnen, die sprachen: „Was stehet ihr und sehet gen Himmel? Dieser Jesus, der von euch ist aufgenommen, wird wiederkommen, wie ihr ihn gesehen habt gen Himmel fahren!“ Und die Jünger kehrten um mit großer Freude, priesen und lobten Gott.

Lukas 24, 50-52 u. Apgesch. 1, 9-12

Stephanus wird gesteinigt

Stephanus verkündigte mit Kraft Jesu Lehre. Er war voll heiligen Geistes und sprach: „Siehe, ich sehe den Himmel offen und des Menschen Sohn zur Rechten Gottes stehen.“ Die Juden aber schrien laut, denn sie wollten solches nicht hören. Sie stießen ihn zur Stadt hinaus und steinigten ihn. Stephanus aber betete: „Herr Jesu, nimm meinen Geist auf!“ Und er bat: „Herr, behalte ihnen diese Sünde nicht!“

Apostelgeschichte 7, 55-59

Der Kämmerer aus Mohrenland

Der Engel des Herrn sprach zu Philippus: „Gehe auf die Straße, die von Jerusalem nach Gaza führt." Dort traf Philippus einen Reisewagen; darin saß der Kammerherr der Königin vom Mohrenland und las in der Bibel. Philippus fragte ihn: „Verstehst du auch, was du liesest?" Und da er verneinte, stieg er zu ihm in den Wagen und erzählte ihm von Jesus. Und der Kämmerer glaubte an Jesus, den Sohn Gottes. Als sie an ein Wasser kamen, ließ er sich taufen. Dann zog er fröhlich seine Straße.

Apostelgeschichte 8, 26-39